Jean Pierre en la Revolución

José María Solé Mariño
Ilustraciones de Alicia Cañas

Nota del autor antes de leer este cuento:

La Revolución Francesa, iniciada en el verano de 1789, conoció una larga serie de etapas, como todo proceso vivo protagonizado por seres humanos. Pero de todas estas sucesivas etapas, la más significativa —y más conocida en épocas posteriores— es la denominada etapa del Terror.
Desde los meses finales de 1793 hasta el verano del siguiente año, toda Francia se vio convulsionada por la radicalización del proceso revolucionario. Radicalización que acabaría, incluso, con la vida de algunos de los revolucionarios que habían sido los principales impulsores de todo el movimiento. El cuento que he titulado Jean Pierre en la Revolución *trata de reconstruir los efectos de estas terribles circunstancias en una familia, centrándose en los momentos más significativos del período.*

NOTA: Algunas palabras alusivas al tema aparecen en un vocabulario al final del libro.

ISBN: 84-216-1652-8
Depósito legal: M-39525-1991
Impreso en España - Printed in Spain.
Impresión: MELSA.
Fotocomposición y fotomecánica: SISTEGRAF.

1

SON las ocho de la mañana. Medio dormido todavía, Jean Pierre se sienta a la mesa del desayuno. Hace pocos días que han terminado las vacaciones de Navidad, y se ha acostumbrado a levantarse un poco más tarde. Fuera, una pálida neblina impide ver los árboles del pequeño jardín de la casa. Mamá y tía Jeanne, que ha venido de Grenoble a pasar unas semanas en casa, comentan la suerte de la familia real, que se encuentra en manos de los revolucionarios.

Cuando papá está aquí, las dos cambian de conversación y solamente comentan las cosas del día: el tiempo, la casa, la cocina, el jardín. Pero en cuanto se va, vuelven de nuevo a hablar de lo mismo.

—Son capaces de asesinar también al rey y a su familia. Son capaces de cualquier crimen con tal de conservar el poder que se han tomado por la fuerza —afirma tía Jeanne con firmeza.

Mamá asiente despacio y tristemente. Jean Pierre apenas recuerda cómo era mamá antes de la revolución. La ve ahora como una persona muy diferente de aquella joven señora, bella, siempre alegre y despreocupada, solamente interesada en ha-

cer feliz a su familia. Ahora, su gesto es triste y compungido. Apenas sale a la calle, incluso en casa parece siempre asustada como si algún desconocido peligro la acechase en el recodo del pasillo o a través de los grandes ventanales que dan a los prados que se prolongan hasta el río.

Las últimas Navidades fueron tristes. A la hora de las comidas, y, sobre todo, en Nochebuena y Navidad, solamente han hablado de Paul, el hermano mayor, destinado en la base naval de Tolón. Es la primera vez que uno de ellos pasa estas fiestas fuera de casa, y mamá, mientras llena y reparte los platos, no cesa de repetir una y otra vez:

—Todo esto no pasaría si no fuera por la horrible revolución.

Papá suele hablar menos y trata de tranquilizarla.

—No te pongas así, Madeleine. Paul tendría que hacer el servicio militar de todas formas, y muchos quisieran estar en el puesto que él tiene, gracias a los buenos contactos del tío Giraudon. Seguro que en estos momentos en Tolón hace un tiempo delicioso junto al mar, y no hay estas nieblas y heladas. Además, estos meses pasarán en un santiamén, ya lo veréis.

Desde hace tiempo, en casa ha desaparecido aquella alegre tranquilidad. Jean Pierre tiene trece años, pero la viveza de su carácter le hace darse cuenta y comprender lo que sucede a su alrededor.

El padre y muchos de sus amigos están de acuerdo con la revolución. En los

últimos años, Jean Pierre los ha visto celebrar una fiesta en la sala en los calurosos días de mediados de julio. El verano pasado pudo ver cómo una vez más mamá no estaba con ellos, y se la había encontrado en la sala de planchar con ojos de haber llorado. Jean Pierre había corrido junto a su padre, preguntándole:

—Papá, ¿qué celebras con tus amigos?

—Celebramos —le había dicho papá con rostro sonriente— la llegada de un mundo nuevo y mejor.

Jean Pierre admira a su padre, y está totalmente decidido a compartir todas sus ideas. Papá no puede equivocarse nunca, y lo que él tiene por bueno debe serlo necesariamente. Por eso, no comprende a su madre. ¿Por qué está siempre triste? Nadie les ha hecho nada, siguen viviendo como antes. Papá en su bufete, Rose con las monjas y Jean Pierre en el colegio.

Haciendo recuento de los últimos tiempos, el muchacho recuerda lo orgulloso que se sintió cuando Paul vino con su primer permiso. Una mañana de domingo le había llevado a pasear al centro. Paul, tan guapo y gallardo con su brillante uniforme, y tan contento de sí mismo. Jean Pierre se había dado cuenta de que señoritas y criadas lo habían mirado atentamente, y a él le encantaba tener un hermano tan guapo y tan valiente. Porque tenía que ser valiente, si no, no estaría en la Marina, que defiende con sus barcos a Francia contra la agresión de sus enemigos, como le ha dicho papá.

A Jean Pierre le llevan todas las mañanas a su colegio, al centro de la ciudad, junto a la iglesia de la Madeleine. Otras dos familias vecinas, además de la suya, tienen contratada a una persona de confianza —el querido pero a veces cascarrabias Jacques— para que lleve a sus hijos en un viejo y baqueteado coche. Jean Pierre y sus dos mejores amigos, Henry y Julien, recorren de esta forma los arrabales, cruzan el río y penetran en un París que cada vez les parece más peligroso y atrayente a la vez.

A los tres les vienen repitiendo siempre lo mismo:

—No os mezcléis con grupos de gente. No os acerquéis a la gran plaza, donde sólo se reúnen los maleantes.

Pero no les han dicho por qué no pueden ir a un sitio a donde todos van cantando alegres canciones y donde todos parecen divertirse mucho. Desde el interior de su coche, los muchachos ven casi todas las mañanas a estos grupos, que aparentan ser muy valientes y decididos. Jean Pierre ha preguntado en casa:

—¿Qué canciones son esas, tan bonitas, que la gente canta ahora en la calle?

Mamá se ha levantado precipitadamente y le ha hablado en un tono muy duro:

—No son bonitas. Son cantos de malas personas. No lo olvides, y procura no escucharlas.

A él le gustan, y siempre procura aguzar el oído para entender las palabras. Pero hay tanto ruido y movimiento alrededor, que nunca puede enterarse de lo que dicen. También le extraña que haya tantas mujeres en sitios que le han dicho que son malos. Siempre le había parecido que los lugares malos estaban reservados para los hombres. Pero ahora, camino de la gran plaza de la Revolución, van alegres muchachas y señoras mayores. Algunas, incluso, llevan consigo una labor de punto.

No, no; seguro que estas señoras no van a ningún lugar indebido, porque son iguales que la abuela de Nantes, cuando pasa las largas tardes de invierno calcetando al calor de la gran chimenea.

Esta mañana de enero Jean Pierre no ve a su madre en la mesa del desayuno.

—¿Dónde está mamá? —pregunta.

—Está enferma.

—¿De qué, si ayer estaba bien? —insiste Jean Pierre.

—Vete al colegio y no preguntes más. Luego podrás verla —le contesta secamente tía Jeanne.

Hoy la clase de Geografía es más corta de lo normal. Todavía falta media hora para la misa diaria, pero los profesores conducen a los alumnos a la capilla. Los religiosos parecen muy nerviosos, y dan órdenes de arrodillarse casi con brusquedad. En un rincón, casi tapado por el confesonario, el anciano padre Antón, el portero del convento, parece estar llorando.

—¿Qué ha pasado? ¿Por qué bajamos tan pronto a misa? —se preguntan todos.

Pero nadie les explica nada y comienza la Eucaristía. El celebrante lleva ornamentos negros. Jean Pierre nunca ha visto, salvo en Semana Santa, a los sacerdotes de negro. Ha ayudado a misa varias veces, y sabe que también se usan para los funerales. Pero, ¿los funerales de quién? El largo oficio le aburre, los codazos y los cuchicheos aumentan entre los muchachos. Una amenazadora y silenciosa advertencia del padre Félix restablece el silencio.

Al cabo de una hora y media les hacen volver a clase. Desde la tarima, el profesor, con voz muy débil que apenas son capaces de oír, les dice:

—Esos asesinos han matado al rey.

Y cubriéndose la cara con las manos, como hace Rose, la hermana de Jean Pierre, cuando está a punto de echarse a llorar, el padre se sienta de golpe tras la mesa. Ahora Jean Pierre comprende por qué hoy las calles estaban tan vacías. Ahora se explica, incluso, la enfermedad de mamá, que siempre había hablado con gran cariño del rey, contándole las veces que lo había visto pasar en coche abierto por la calle.

«El rey tiene un hijo más pequeño que yo, y debe ser muy triste quedarse sin padre. Yo me moriría si matasen a papá...», piensa Jean Pierre, y se pregunta qué pensará su padre de todo esto. Ahora tiene que estar en el bufete resolviendo asuntos de pleitos, pero esta noche se acercará a él cuando esté en su cuarto de trabajo y se lo preguntará.

Jean Pierre ya no pudo concentrarse en la clase de Geografía que siguió a continuación.

2

SIGUEN los días fríos, llenos de heladora neblina, que desde el arrabal apenas permite ver las torres y campanarios de la ciudad. En el colegio están apretando con los exámenes, pero los estudiantes pueden darse cuenta de que algo ha cambiado en el ambiente. En las calles del centro, frente a teatros y cafés abiertos y abarrotados, las multitudes siguen pasando entre gritos y canciones, aunque, a veces, tienen actitudes y gestos amenazadores. El otro día Jacques ha instalado unas gruesas cortinas en las ventanillas del coche, y les ha dicho que por ningún motivo las levanten.

—Nos prohíben ver la calle, ahora que parece que es cuando hay más cosas que ver. Esto es un aburrimiento —comenta Henry, camino del colegio.

A los tres les excita oír el sonido del paso de los soldados y el ruido de los cascos de los caballos sobre los adoquines. Sus enemigos, han declarado la guerra a Francia y la atacan por todas partes. Todos estos países que Jean Pierre conoce por las lecturas y los grabados —Inglaterra, Austria, Rusia, España— son ahora enemigos, y están decididos a entrar en París y matar a los revolucionarios.

—¡Ojala lleguen pronto! —ha dicho mamá durante la comida del sábado—. Así pondrán de nuevo las cosas en su sitio.

Papá, desde el otro extremo de la mesa, la ha mirado fijamente sin pronunciar palabra y ha seguido tomando la humeante sopa.

Pero la idea de la guerra inflama a Jean Pierre y a sus compañeros. En el colegio hablan una y otra vez de uniformes, formaciones, armas y combates. Naturalmente, lo hacen a la hora del recreo y a escondidas de los padres. Se les ha prohibido hablar de la revolución y se les ha amenazado con la expulsión del colegio si lo hacen. Pero en el recreo hay más libertad y se puede hablar de todo bajo los arcos que rodean el patio. Ahora sólo se comenta sobre las batallas que deben estar produciéndose en las fronteras, siempre con triunfo de los franceses, naturalmente.

Es viernes, y esta noche viene a cenar tío Daulboy, padrino de Jean Pierre. En la mesa, aprovechando que no están ni mamá ni tía Jeanne, papá y él comentan algo con tono exaltado:

—Lo de Dumoriez es absolutamente repugnante. La República no puede permitir este tipo de cosas o, de lo contrario, se hundirá sin remedio —señala el padre.

—Sí —añade el tío—, es preciso evitar que los mandos del ejército caigan en manos de elementos que puedan no ser fieles a la causa.

Jean Pierre, intrigado y atraído por la conversación, se ha acercado a la mesa, preguntando:

—¿Qué es lo de Dumoriez?

Los dos se han callado, mirándose en silencio. Por fin, papá le ha hecho señas para que se acerque y, poniéndole una mano sobre el hombro, le ha dicho:

—Es una traición, hijo. Debes saber para el futuro que un traidor es alguien

que se entrega al enemigo a cambio de dinero o de otras cosas que le beneficien. El general Dumoriez, que mandaba los ejércitos del norte, se ha pasado al enemigo. De esto hablábamos. Nunca olvides que la traición es el peor acto que un hombre puede cometer contra su país...

El tío Daulboy le ha dado una palmada en la cabeza y le ha dicho que espere en su cuarto hasta que llegue la cena.

Jean Pierre se ha sentido feliz. Por primera vez le han hablado directamente de lo que sucede. Esto quiere decir que su padre le considera ya un hombre. Para él, en estos momentos, papá y el tío son las mejores personas del mundo, y el general traidor, alguien que se merece que los profesores del colegio le den una buena serie de palmetazos. Jean Pierre dice en voz baja:

—A mamá no le diré nada. Seguro que la disgustaría. Pero mañana, ¡menuda sorpresa les voy a dar a Henry y Julien cuando se lo cuente!

En el colegio, por fin, les han concedido un respiro. La dirección les ha dado una nota para que la entreguen en casa, diciendo que no existe ningún problema para que los muchachos asistan a una velada de marionetas que se celebra en un pequeño teatro cercano al convento. Jean Pierre, Julien y Henry podrán ir acompañados por Jacques y luego volver con él. Algo es algo.

Como la sala del teatro está muy cerca, van andando por las bullentes aceras de la ciudad.

Gente de todas las edades camina por la calle, hablando a gritos, riendo y cantando en ocasiones. Muchos llevan en la cabeza un gorro de lana de color rojo, y

lo agitan en el aire cuando corean algunas frases que lanzan los que parecen dirigirlos.

—Se llama gorro frigio y lo llevan todos los revolucionarios —le ha dicho Henry al oído.

—¿Todos? —se pregunta asombrado Jean Pierre.

Él ha visto que los amigos de su padre, cuando vienen a reunirse con él en su despacho, no llevan estos gorros rojos. Solamente ha visto empolvadas y cuidadas pelucas en las cabezas de esos señores, una vez que han entregado a la sirvienta sus enormes sombreros de tres picos. Ni el señor Brissot ni el señor Malesherbes han llevado nunca este divertido gorro frigio.

Ahora comienza a comprender un poco mejor a su madre. Cuando le habla con miedo y desprecio de los revolucionarios no se refiere a los señores que charlan, fuman y beben burdeos con papá en su despacho. Ahora ve que también hay otros revolucionarios alegres y divertidos, pero al mismo tiempo alborotadores y groseros, que es lo que debe disgustarle a mamá.

«A lo mejor son todos iguales, pero visten y se comportan de forma diferente», concluye mientras entra en el teatro de marionetas.

Ahora los muchachos ya tienen más posibilidades de actuar. Mientras ellos asisten a las representaciones, Jacques se queda siempre en alguna taberna de los alrededores. A la venida suele estar callado, pero cuando vuelven al arrabal, los ojos de Jacques brillan, habla más de lo corriente, y hasta les permite levantar la cortinilla y mirar a la calle. Esta tarde, a pesar del frío y de la humedad, ha accedido a dar una pequeña vuelta antes de volver a casa.

La multitud llena las calles esperando noticias de los frentes de batalla. Los nombres

de las calles y plazas han cambiado. Ya sabían el nombre de la nueva Plaza de la Revolución, pero ahora la calle Real se llama calle de la Revolución. Y la maravillosa plaza Vendôme es la plaza de las Picas. Jean Pierre y sus amigos se han quedado extasiados aquí, frente a las cuatro hileras de arcos iguales que la rodean, en medio de la plaza más bella del mundo, como suelen decir todos.

Ahora, bajo el rápido anochecer del invierno, los hachones que la iluminan le dan un aire espectral que les asusta y les atrae a la vez. Allá abajo, en los cafés del antiguo Palacio Real —que ahora llaman Palacio Igualdad—, grupos de hombres discuten a viva voz. A Jean Pierre siempre le han dicho en casa que no entre allí. A estas horas los teatros y las salas de variedades de sus alrededores siguen mostrando sus iluminadas fachadas y sus brillantes puertas.

De pronto, aparece por una esquina un grupo de soldados, alegres y medio borrachos. Deben venir con permiso del frente. A Jean Pierre y a sus amigos les gustaría acercarse a ellos y preguntarles por la guerra, pero no se atreven. Durante un rato les oyen hablar a gritos, y cuando parecen ponerse de acuerdo acerca del lugar a dónde ir, entonan juntos la canción que tantas veces han escuchado desde la oscuridad del viejo coche que les trae al colegio todas las mañanas:

—*¡Vamos, hijos de la patria! ¡A las armas, ciudadanos! ¡Formad batallones! ¡Ya se ha levantado el estandarte de la guerra y la señal está dada! ¡A las armas! ¡Hay que combatir, vencer o morir!*

Jean Pierre y sus amigos sienten un escalofrío al oír por primera vez de forma clara estas palabras. Les parece que su deber es marchar hacia las fronteras para defender a Francia y a la revolución. Los soldados, que se van alejando con sus arrugados uniformes, echándose unos a otros la mano por la espalda, les parecen antiguos héroes griegos dispuestos a dar su vida por la salvación de la patria.

Durante largo rato siguen oyéndose las canciones y los vivas que entonan estos combatientes de permiso, mientras se dirigen a las orillas del río:

—*¡Marchemos, marchemos! ¡Seamos libres hasta el último suspiro, y hagamos votos por la felicidad de la patria y la de todo el género humano!*

Los chicos de buena gana les hubiesen seguido hasta las mismas trincheras de batalla. También ellos son hijos de la patria y les gustaría poder defenderla en estos momentos de peligro.

Ayer por la mañana, Felicité, la criada que trabaja en casa desde antes de que él naciera, se quejaba porque su hijo había sido llamado a filas obligatoriamente, e incluso habían venido para llevárselo durante la madrugada:

—Casi no le han dado tiempo para vestirse —comentaba compungida—, ni a mí para prepararle un poco de comida para el camino...

Mamá se levantó y la abrazó, asegurándola que Michelot saldría con bien de esta locura. Cuando papá llegó a casa hizo llamar a Felicité y, puesto en pie, le aseguró que todo saldría bien, que muy pronto tendría de nuevo en casa al gordo Michelot, para seguir haciendo magníficos zapatos y botas, como siempre habían hecho su abuelo y su padre.

Se acerca el buen tiempo, y los muchachos tienen ahora más libertad que antes. Sus padres les han dado unos extraños papelitos que se llaman asignados, y que son lo mismo que las monedas de oro y plata. Parece que con algunos asignados en el bolsillo pueden hacer muchas cosas.

Los domingos, transcurren las largas tardes de lectura o de ajedrez en la gran sala. A veces vienen Henry o Julien. Otras, Jean Pierre se acerca a casa de ellos. Pero hoy los tres han decidido hacer una escapada secreta al centro de la ciudad. Atravesarán el puente y recorrerán a sus anchas la Isla. A los muchachos les gusta este barrio tan antiguo, lleno de viejas iglesias y de caserones cargados de misterios...

—Diremos que cada uno vamos a casa del otro, y así podremos marcharnos. Hay que volver temprano, porque todavía anochece rápidamente, pero tendremos tiempo de ver algo...

Después de comer, sobre las tres, de una plácida tarde, Jean Pierre dice que va a casa de Henry, Henry dice que va a casa de Julien, y éste dice que va a casa de Jean Pierre. Los tres se encuentran bajo los tilos de la encrucijada. Todo el barrio parece dormir mientras ellos echan a andar hacia la ciudad. Sus torres y campanarios aparecen difuminados entre la suave bruma, atravesada por los débiles rayos del sol.

—Todos los días nos parece tan corto, y ahora no paramos de andar y no llegamos —dice Julien.

Pero muy pronto aparece ante ellos el puente, y lo atraviesan corriendo. Los severos edificios grises les impresionan, ahora que por primera vez vienen solos, sin sus padres, a esta parte de la ciudad. A la derecha, las torres cuadradas de la catedral vigilan sobre los tejados, y el sol extrae maravillosos colorines de sus vidrieras.

—No hay nadie en la calle. También por aquí estará todo el mundo terminando de comer o durmiendo. Vámonos a la Isla de San Luis. Es más bonita, tiene viejas calles y más árboles —dice Henry, siempre el más decidido de los tres.

Y echan a andar. A la izquierda divisan el enorme edificio oscuro del Ayuntamiento.

—Ahí había montones de armas, y los revolucionarios lo asaltaron en los primeros días. Mi hermano mayor me ha dicho que hubo muchos muertos —señala Jean Pierre.

—Pues a mí me han dicho que donde hubo más lío fue en los Inválidos. Lo que pasa es que nosotros éramos demasiado pequeños, y a lo mejor estábamos durmiendo —comenta Julien.

Atraviesan un corto puente y entran en la Isla de San Luis. No ven a nadie por las aceras. Las tiendas tienen un aspecto extraño. Parecen vacías y los mostradores, estanterías y cristales están destrozados. Una panadería no conserva siquiera los grandes anaqueles donde se depositan todas las mañanas las barras y los bollos. Una tienda de comestibles está igual; el suelo, lleno de trozos de madera, papeles y grandes regueros de azúcar y escamas de jabón.

—Aquí ha debido pasar algo gordo —apunta Henry—, pero no hay nadie para que nos lo cuente. Vámonos por esa calle de la derecha.

Ahora, frente a la aguja gótica de la iglesia, otras tiendas aparecen como las anteriores: cristales rotos, trozos de madera, de cartón, de tela... Por la acera de enfrente pasa una anciana encorvada, andando como si la estuviesen persiguiendo. Al ver a los tres chicos se tranquiliza y les sonríe.

—Vamos a que nos lo cuente —dice el decidido Henry, y se acerca a ella.

—Perdone, señora. Vivimos al otro lado del río y no sabemos qué ha pasado. ¿Por qué están todas las tiendas destrozadas y vacías?

La anciana mueve suavemente la cabeza a ambos lados y le contesta:

—Qué suerte tenéis de vivir fuera de la ciudad. Aquí todos los días pasa algo malo. Así no se puede vivir...

—Pero, ¿qué ha pasado? —insiste el muchacho mientras sus amigos, avergonzados de su desparpajo, le dan codazos a escondidas.

—¿Que qué ha pasado? —contesta la anciana—. Pues que mucha gente de aquí y de otros barrios ha saqueado las tiendas, robándolo o destrozándolo todo. A mí me han vaciado mi panadería, y no sé de qué voy a vivir ahora... Son unos salvajes y unos criminales; están todo el día en la calle y ya nadie puede tener tranquilidad. Bueno, chicos —termina la señora—, tened cuidado y volved a casa antes de que anochezca.

La anciana se aleja rápidamente echando furtivas miradas a todos los lados de la desierta calle.

—¿Qué os parece, muchachos? —dice

Henry con la cara encendida y los ojos brillantes de excitación—. Vamos a dar otra vuelta a ver si hay más saqueos.

—Mejor, vámonos a casa, que ya va siendo tarde y dentro de poco oscurecerá —apunta el siempre prudente Julien.

Ya de regreso, pasan ante varias panaderías y tiendas de comestibles. En algunas parece, además, que han prendido fuego. Los tres están muy impresionados: nunca han visto nada parecido. A la inicial excitación ha sucedido un sobrecogimiento ante algo desconocido y amenazador.

Cuando pasan ante la catedral se está poniendo el sol. Ahora los multicolores ventanales aparecen con tonos mortecinos. Sobre el puente les da el alto una pareja de guardias nacionales.

—¿A dónde vais, muchachos? —les preguntan los guardias.

—Volvemos a casa —dice Henry—. Vivimos en el arrabal de Saint-Germain.

—¿Saben vuestros padres que andáis por aquí solos?

—Sí, lo saben —miente el decidido Henry.

—Bueno, pues rapidito y andaros con cuidado. No está la noche para que tres chavales anden por ahí...

En este atardecer de domingo, Jean Pierre entra en su casa con un claro sentimiento de culpa. No le gusta ocultar lo que ha hecho, pero tampoco quiere darles un disgusto que a buen seguro acabaría en una reprimenda. Mamá, tía Jeanne y la pequeña Rose están en la sala. El padre estará en su despacho.

—¿Con quién está papá? —pregunta el muchacho a su madre.

Ésta levanta por un momento su triste mirada de la costura y la dirige hacia el amplio pasillo.

—Está con uno de sus mejores amigos. Con ese Danton, del que se cuentan tantas cosas —dice la madre.

—¿Qué cosas? —inquiere, curioso, Jean Pierre.

Pero, como muchas otras veces, tiene que escuchar la misma respuesta:

—Son cosas que a tu edad no debes saber, pero estoy segura de que son ciertas, y de que el señor Danton no es una buena persona —concluye la madre, que vuelve a su labor, como enfurruñada.

«Pues a mí —piensa Jean Pierre— el señor Danton me parece simpático. Cuando viene siempre hace bromas conmigo y nunca deja de sonreír.»

Jean Pierre todavía no sabe que el señor Danton, tan alto y tan grande, es uno de los principales jefes de la Revolución. Después de la cena, ya entre las sábanas, el muchacho oye cómo su padre cierra la puerta metálica del jardín y, un poco más tarde, la de la casa. Tras haber advertido estos ruidos familiares, se arrebuja feliz entre las ropas, sintiendo una tranquilizadora sensación de seguridad y protección. Cuando lo oye recorrer el pasillo haciendo sonar las llaves en la mano, Jean Pierre sabe que nunca les podrá pasar nada malo. Al momento se sumerge en un sueño profundo.

3

EL lunes por la mañana, Jean Pierre se despierta solo. Ni mamá ni Felicité han venido a avisarlo como siempre. Parece, además, que entra más luz que de costumbre a través de las cortinas. Extrañado, se levanta, recorre el pasillo y entra en la sala, atraído por las voces que salen desde allí. Papá y mamá están sentados con los vecinos, los señores Birgot y Touchard, padres de Henry y Julien. Les acompañan sus esposas. Hablan en voz baja y parecen muy nerviosos.

—Han asaltado la casa de los Henriot —dice la madre de Julien, y añade—: La han saqueado por completo y, cuando el portero les ha preguntado qué derecho tenían para hacerlo, le han dicho que la Revolución ha decretado la incautación de los bienes de los que se han marchado al extranjero. Es una vergüenza. No sé dónde vamos a ir a parar como sigan así las cosas.

El padre que se ha dado cuenta de la presencia de Jean Pierre, le dice:

—No irás al colegio durante algunos días. Tampoco lo harán Henry y Julien. Os reuniréis los tres para estudiar aquí o en casa de alguno de ellos. Ya veremos cómo lo solucionamos.

—Vete a tu cuarto, vístete y que te den el desayuno —ordena mamá con una voz rara y seca.

Transcurren seis días antes de que los muchachos puedan volver a clase. En casa reina el silencio y por los ventanales que dan al jardín se ven grandes y oscuras nubes de humo que ascienden sobre las casas de la ciudad. Las calles del arrabal están llenas de carruajes y carros cargados de gente, fardos y muebles, que parecen huir de aquellos incendios. Al cruzar una calle, Jean Pierre se ha acercado a escuchar lo que hablan, muy animadas y del brazo, dos criadas:

—Parece que ha empezado otra insurrección y que las calles están llenas de revolucionarios borrachos que lo queman todo...

Insurrección, incendiarios... Cuando los tres amigos se reúnen esta tarde solamente hablan de estas terroríficas palabras. ¿Estarán quemando la ciudad? ¿Asaltarán el colegio y se llevarán a los frailes? De noche, durante la cena, mamá ha dicho que la abuela vendrá antes de la primavera.

—En Nantes hay guerra —dice— y es mejor que esté aquí con nosotros.

Papá hoy muestra un gesto de preocupación que no le había visto nunca.

Jean Pierre tiene otro amigo en el colegio, pero éste no es vecino del arrabal. Etienne es hijo del jardinero del colegio y estudia gratis con los demás. Su familia vive junto a las ruinas de la Bastilla, en el arrabal de Saint-Antoine. Su padre ha contado a Jean Pierre los días gloriosos en que el pueblo tomó la siniestra cárcel, donde los prisioneros gemían en húmedas celdas llenas de ratas.

Cuando vuelve al colegio, Jean Pierre se abalanza hacia su amigo y le pide que le cuente lo que ha sucedido. Porque en Saint-Antoine era donde se veían más columnas de humo.

—Los del gobierno son unos asesinos —dice muy serio Etienne—, han matado a la gente del pueblo que ha salido a la calle para protestar porque cada día

la comida está más cara. Han matado a cuatro vecinos nuestros, y ahora entran en nuestras casas y se llevan a familias enteras —concluye para encerrarse en un hosco silencio.

Jean Pierre no se atreve a preguntarle nada más. Pero ahora ve claro que hay dos clases de revolucionarios. Unos son como papá y sus amigos, y otros como los que se ven por la calle, a los que mamá teme tanto. Pero tampoco éstos pueden ser malos, porque son amigos del padre de Etienne, que siempre es amable con él, sonriéndole por debajo del gran mostacho negro, cuando se acerca a mirar cómo poda los rosales o recorta el césped que rodea a la iglesia del colegio. Habrá que enterarse de más cosas...

A los muchachos ya no les extraña que, en cualquier momento, digan que no vayan al colegio por unos días. De todas formas, las vacaciones están ya muy próximas. Ahora las personas mayores hablan más abiertamente delante de él sobre lo que sucede: París está continuamente en insurrección, igual que Lyon y Marsella; los ingleses han ocupado Tolón; las tropas disparan en la calle sobre la población.

Mamá y la abuela, que ya ha llegado de Nantes, cuenta terribles escenas de la guerra, se pasan el día bordando en silencio, y, por la tarde, rezando el rosario. Mamá parece cada día más delgada y más vieja. La abuela ya no es tan alegre como antes. En casa cada día todo está más triste.

Ahora, los muros de las calles del centro están llenos de carteles sobre sospechosos. En casa se habla de personas conocidas que están marchándose al extranjero, y de que todos sus bienes han sido confiscados por la Guardia Nacional, y de que los parientes que quedan aquí y son detenidos.

En medio de todo este ambiente horrible, hay una cosa que les extraña a los tres amigos: el cambio de calendario. A partir de ahora, las semanas tienen diez días, y los meses bonitos y divertidos nombres: Brumario, Nevoso, Lluvioso, Ventoso... Son nombres mejores que los antiguos, porque les recuerdan la libertad de los días de vacaciones y los fuertes aromas del campo o las largas y plácidas tardes de lluvia pasadas en casa al calor del fuego. Jean Pierre se aprende los nombres de los meses en la primera mañana, y está deseando llegar a casa para recitarlos. Cuando llega la cena y suelta los nombres por perfecto orden, papá le interrumpe con dureza:

—Cállate. ¿No ves que estás molestando a mamá y a la abuela?

Ninguna de las dos ha dicho nada, pero ambas han dejado de comer y se quedan mirando hacia sus platos. Jean Pierre, en medio del silencio general, se siente avergonzado y está deseando terminar para escapar a su cuarto.

Algún tiempo después, ya entrado el frío diciembre, Jean Pierre acompaña a la abuela a misa. Al llegar al atrio se detienen aterrados: grupos de hombres mal vestidos cortan con hachas las cabezas de las sagradas imágenes, mientras lanzan fuertes gritos y carcajadas. Otros salen del interior del templo vestidos con los ornamentos de los sacerdotes y bailan de forma extraña mientras elevan en sus manos los cálices y los copones de oro, algunos todavía con las sagradas formas en su interior.

—¡Dios mío, esto es horrible! ¡Vámonos de aquí, hijo!— le dice la abuela mientras le agarra fuertemente por la muñeca. Pero Jean Pierre, aterrorizado, es incapaz de dar un paso.

—Oiga señora —dice a la abuela un hombre de mala catadura—, ¿por qué no deja que el chico vea cómo reciben su merecido todos los que desde siempre nos han sacado el dinero y la sangre?

Y se echa a reír groseramente, mientras da a Jean Pierre un empujón que le lanza contra la abuela. Ésta permanece callada y temblorosa y, por fin, consigue apartar de la puerta de la iglesia al muchacho. En las ventanas de la plaza, pálidos rostros apenas velados por las cortinas observan en silencio este acto de barbarie.

La abuela ha hablado con papá y se ha retirado a su cuarto. Antes, ha hecho prometer a Jean Pierre que no le dirá nada de lo que ha pasado.

—Por el momento no se puede ir a la iglesia. Puede resultar peligroso ir a misa con todos esos grupos de maleantes sueltos por ahí —ha dicho papá, para añadir luego—: Jean Pierre, ven un momento conmigo al despacho.

El muchacho se ha sentido feliz e importante al ver que su padre le trata como a una persona mayor, y más cuando le ve cerrar la puerta para hablar a solas con él.

—Hijo —le dice—, sé que estarás impresionado por lo que acabas de ver. Pero no olvides que eso no es la verdadera revolución, sino una mala aunque quizás inevitable consecuencia de ella. La Revolución es la entrada en un mundo mejor, donde todos los hombres puedan ser felices y sentirse hermanos de los demás. Quiero que lo comprendas, por más que vuelvas a ver cosas como la de hoy. ¿Me has entendido?

Jean Pierre ha comprendido que los salvajes de esta mañana nada tienen que ver con los revolucionarios buenos. Los salvajes dominan ahora la calle, pero la Revolución debe seguir para conseguir esa felicidad y hermandad de todos, como le ha dicho su padre.

Poco después se ha enterado en el colegio de que han guillotinado a la reina. Esta mañana, las calles bullen nuevamente de animación. Vuelven a agitarse los alegres gorros rojos de lana, y los cantos se multiplican.

Ahora, sin embargo, hay algo de amenazador en su tono. Etienne le ha comentado que la gran plaza de la Revolución estaba totalmente llena de gente para ver cómo le cortaban la cabeza a la austriaca, como él llama a la reina. Parece que la han conducido vestida como una campesina a través de la ciudad, sentada en una carreta abierta para que la viese la gente que estaba apostada en las aceras desde muy temprano.

Jean Pierre vuelve a acordarse del pequeño príncipe que se ha quedado solo en su celda. Por la tarde, al regresar a casa, observa estremecido la oscura y siniestra torre de la fortaleza del Temple. Allí, en el interior de aquella negra torre construida en la Edad Media, está encerrado el huérfano de los reyes, que apenas tiene siete años, seis menos que él...

Los días de Navidad pasan tranquilos, aunque tristes y aburridos. Los muchachos se dedican a pasear por los alrededores. Los oscuros edificios de la Universidad de la Sorbonne están ahora silenciosos y como abandonados.

—Un día estudiarás aquí, como lo hice yo hace años —le había dicho papá mientras paseaban una tarde por allí.

Al fondo, la majestuosa cúpula del Panteón apenas se deja ver por entre la blanquecina niebla que lo inunda todo, dándole una imagen mágica y como de ensueño.

4

CON la llegada de la primavera se tranforma la vida de los tres amigos. La Revolución ha obligado a cerrar los colegios religiosos. Un viejo profesor, ya jubilado, se encarga de sus estudios. Jean Pierre, Julien y Henry van a su casa por la mañana, comen allí y siguen las clases hasta media tarde. Ahora pueden hacer alguna escapada, mientras el profesor echa una cabezadita en su butaca después del almuerzo.

Tras prometer a la señorita Armande, hermana del profesor y todavía más vieja que él, que no cometerán ninguna travesura, pueden lanzarse a las calles del centro de la ciudad. Así, han podido ver cómo los palacios han sido desvalijados, al igual que las iglesias. En el antiguo Palacio Real han destrozado aquellas hermosas esculturas con las flores de lis que tantas veces había visto de pequeño desde la acera de enfrente.

Etienne les conduce hacia los lugares donde están plantadas las guillotinas. Los tres quedan mudos de espanto ante aquellas máquinas de matar, por las que todas las mañanas corre la sangre de los ajusticiados mientras sus cabezas ruedan hasta el suelo. Hay varias, pero la mayor es la de la plaza de la Revolución, plantada en medio de aquella inmensa explanada frente al río. Allá al fondo, la cúpula del hospital de los Inválidos brilla al sol entre los árboles.

Cada día les causa menos temor el ambiente de la calle porque se van acostumbrando a los ruidos, los colores, los empujones. Una tarde ya cálida, Etienne les lleva hasta su barrio. Le tendrán que decir al profesor que se han perdido y no han podido regresar antes. Es preciso andar deprisa porque el camino es largo. Su amigo les cuenta que el barrio se está preparando para una nueva insurrección. Con gran rotundidad les dice:

—Mi padre está seguro de que esta vez vencerá el valor y la decisión del pueblo, y que, de verdad, nacerá en Francia una República democrática.

Llegados allí, suben la estrecha escalera. En casa de Etienne no hay ahora nadie. El padre está trabajando en los jardines de las Tullerías, y la madre en un cercano taller de modista. Los tres intrigados muchachos le siguen hasta el pequeño dormitorio principal, casi todo él ocupado por la cama matrimonial. Una vez aquí, y adoptando un aire cada vez más misterioso, Etienne les hace jurar

que guardarán secreto sobre lo que van a ver. Emocionados y curiosos, lo prometen solemnemente, y ven cómo su amigo saca de debajo del lecho dos mosquetones y varios saquitos de pólvora.

—Todos los vecinos del barrio están preparados para la lucha como nosotros —les dice con ojos brillantes.

Los tres le contemplan admirados y, en cierto modo, envidiosos. Ellos no tienen armas y no podrán luchar por la Revolución. Deberán permanecer en casa hasta que sus padres les permitan salir de nuevo.

Al día siguiente, en efecto, les dicen que no pueden ir a la ciudad, otra vez en armas.

«Etienne y su padre estarán ahora en la primera fila de las barricadas», piensa Jean Pierre con admiración, mientras se dispone en su cuarto a abrir el aburrido libro sobre Química.

Una vez más, las grandes columnas de humo negro se elevan sobre la ciudad, mientras grupos de gentes que huyen van ocupando las calles del arrabal. De París el viento trae un fuerte olor a cosa quemada que, sin embargo, no es capaz de ocultar el aroma de las rosas que con tanto cariño se cuidan en aquel rincón del jardín. Los días son ahora más largos y dentro de casa huele a hierba. Y a tierra mojada. Jean Pierre quisiera acercarse hasta los muelles y ver el río, con su tranquila corriente. Pero le han hecho prometer que no lo hará hasta que no terminen los desórdenes, y tiene que quedarse tras la verja oteando el horizonte de tejados y árboles.

Ahora, aburrido, se dirige a la cocina para ver qué están preparando de merienda. Apoyado en el marco de la puerta, oye la conversación de Felicité y Agnes:

—Parece que esta mañana han guillotinado a muchos —dice la primera mientras coloca sobre una fuente los oscuros trozos de pan.

—Pues en el mercado me han dicho que en el arrabal de Saint-Antoine ha habido verdaderas matanzas y que han fusilado a la gente en plena calle —afirma la rubia y gruesa Agnes, con tono compungido.

A Jean Pierre se le hace repentinamente un nudo en la garganta. Sale corriendo a la calle y anda frente a las verjas cubiertas ya de alegre vegetación. No puede dejar de pensar en sus amigos, que quizás están muertos, tirados en la calle con las armas en la mano, verdaderos héroes de la Revolución. Tiene ganas de llorar, pero el nudo de la garganta se lo impide.

«¿Cómo habrán podido matarles si eran buenos amigos míos?», piensa aterrorizado.

Ahora, al fondo, la ciudad se presenta luminosa y fresca tras la lluvia recién caída. Las torres y los campanarios parecen brillar bajo el sol que trata de introducir sus rayos por entre unas nubes que todavía no parecen decididas a marcharse del cielo.

Papá está cada día más callado, y son ahora mamá y la abuela las que tratan de animarle con sonrisas y bromas. Esta noche, ya casi tibia, el padre ha conducido a Jean Pierre hasta el rincón de los rosales amarillos y, poniéndole una mano sobre el hombro, le ha hecho sentarse en el viejo banco de piedra.

—Hijo —le dice, muy serio—, debes saber comportarte como un hombre. Ya lo eres, y debes demostrarlo.

Muy pronto voy a marchar de viaje para solucionar unos asuntos. Cuida de mamá, de la abuela y de Rose. Cuando regrese quiero sentirme orgulloso de ti.

La voz del padre ha temblado por un momento, pero Jean Pierre no se ha dado cuenta. Ahora sólo le importa que su padre sepa que es capaz de comportarse como siempre le ha enseñado que debe hacerse.

—No te preocupes, papá —le dice, emocionado—. Lo haré.

—Bien, Jean Pierre, nunca olvides que lo más importante en la vida es la libertad y la fraternidad con los demás. Haz por los demás todo lo que puedas y verás que, cuando necesites alguna ayuda, siempre habrá alguien dispuesto a prestártela. ¿Me has comprendido? —dice el padre mientras le mira fijamente.

—Sí, papá —le contesta Jean Pierre dispuesto a cumplir el alto honor de la misión que se le ha encomendado.

—Buenas noches, hijo.

El abrazo que le da el padre es más fuerte de lo normal, pero ahora a Jean Pierre tampoco vuelve a extrañarle. Es lógico que lo haga así cuando se va de viaje, aunque a decir verdad, su padre no le ha dicho ni cuándo ni a dónde se irá.

Esa madrugada el jardín y el pasillo se llenan de pasos y de voces contenidas pero nerviosas. Jean Pierre ha salido de su habitación para ver qué sucede. Ha oído frases que no ha entendido, y luego el golpe de la puerta al cerrarse y el ruido de un coche de caballos que se aleja hacia el puente. Salta de la cama y sale al pasillo. Aquí se encuentra con la abuela cubierta por una toquilla y que le obliga a volver a la cama.

Quizá todo haya sido un sueño y mañana se habrá olvidado. De nuevo el sueño viene y le hunde en lo más profundo de la almohada.

A la hora del desayuno, Jean Pierre se encuentra solo en la mesa. Felicité y Agnes entran en el comedor y, sin decir palabra, le abrazan. A él le molestan al echarse encima y se separa de ellas. Observa que Felicité tiene los ojos enrojecidos, como de haber llorado, y le pregunta:

—¿Qué pasa, Felicité? ¿Le ha sucedido algo a Michelot en la guerra?

—No, niño, no es eso —dice ella y le mira muy seria—. Espera, que ahora mismo te traemos el desayuno.

—¿Y mamá? ¿Y la abuela? ¿Dónde están? —se inquieta Jean Pierre.

—Están durmiendo todavía. Han pasado una mala noche —dice la compungida Agnes, mientras se aparta un mechón de pelo de la frente.

Al quedarse solo, Jean Pierre piensa que, por lo que parece, no ha sido el único en dormir mal esa noche. Ahora sólo piensa en acercarse al arrabal de Saint-Antoine y ver cómo están Etienne y su padre. Seguro que no les ha pasado nada. Ahora ve todo con mejores ojos que en los días anteriores. Decide que, cuando vuelva su padre, le contará todo esto y lo aprobará. Pero, aunque a su familia no le guste que se acerque a los lugares de la insurrección, está dispuesto a hacerlo.

Las sirvientas le dicen que papá ha emprendido viaje y Jean Pierre, que se tiene ahora por el defensor de la familia, no advierte el tono de pena con que le hablan y la tristeza con que le miran. Mamá, pálida y temblorosa, le ha pedido que no se aparte de ellas. Y él, a pesar de los deseos que tiene de comprobar lo

que le preocupa, se pasea en estas largas tardes por los alrededores, sin alejarse demasiado, memorizando las lecciones que durante la mañana ha estudiado en su cuarto. También juega al ajedrez con la abuela, que ahora le parece más vieja que nunca, aunque jamás se atrevería a decírselo.

—¿Volverá pronto papá? —le ha preguntado en una ocasión.

—Sí, sí, muy pronto, si Dios quiere —le ha contestado la abuela, queriendo cortar cualquier comentario sobre el tema.

La pequeña Rose, en su mundo, juega en un rincón con sus más queridas muñecas. Ya no hace falta que arda el fuego de la sala. Fuera, la primavera muestra todos sus colores y aromas y Jean Pierre está deseando poder salir y mezclarse con la gente bajo este cielo que cada día es más azul.

Estalla el mes de abril. Hoy es 18 de Germinal. Las espigas de las rosas raspan la chaqueta de Jean Pierre cuando sale hacia la verja. Está amaneciendo. Si no sale a esta hora, mamá le pedirá que se quede, y él está decidido a saber qué ha sucedido con Etienne. Ha pensado en avisar a sus inseparables Henry y Ju-

lien, pero para él ahora ya no son más que niños. Jean Pierre es esta mañana un hombre con responsabilidades. La visita ha de hacerla solo.

Marcha hacia la orilla del río y atraviesa el desierto puente. Al llegar a la Isla observa una gran animación, a pesar de lo temprano de la hora. Mucha gente ocupa las aceras, comentando acerca de la próxima ejecución que va a tener lugar. La curiosidad, unida al miedo, le hace detenerse bajo los arcos de la antigua Calle Real, frente al paredón del palacio de enfrente. Sabe, aunque nunca lo ha visto, que los condenados son llevados en carretas por allí, camino de la plaza de la Revolución. La plaza estará a esta hora todavía llena de la humedad del río.

Los gritos y los aullidos se unen a las canciones frente al ondear de los gorros de lana rojos, y aumentan cuando se aproximan lentamente las carretas que llevan a los condenados.

—¡Mueran, mueran los traidores! —grita la masa desde las aceras, intentando aproximarse a los condenados para golpearles.

Jean Pierre está sobrecogido. De pronto, nota que se le paran los latidos del corazón.

«Pero, ¿no es el señor Danton el que viene ahí, en esa carreta, mal vestido y como derrumbado, tan distinto de como es siempre?», piensa.

Presa del terror, mira a la segunda carreta. No puede dar crédito a sus ojos cuando ve sobre ella a los señores Birgot y Touchard, los padres de Henry y Julien. ¿Qué les dirá cuando vuelva a casa? Pero, ¿no es papá el que va sentado a su lado, con una camisa sucia y las manos atadas?

—¡Papá, papá! —grita enloquecido, mientras se lanza hacia la carreta que desfila entre las mofas y los insultos del público hacia el lugar del suplicio.

Muchas manos intentan agarrarlo, pero él corre tras su padre, tratando de ver. El tumulto es tan grande que se lo impide. Sigue a la carreta a lo largo de la calle, sin fijarse en los que le flanquean vociferantes.

—¡Mira! ¡Es el hijo de uno de los condenados! ¡Ven aquí, traidorzuelo! —le dice un hombretón vestido de vivos colores, mientras trata de agarrarle.

Jean Pierre se escabulle con dificultad y sigue por mitad de la calle gritando:

—¡Papá, papá!

En un cruce, un transporte para el mercado obliga a detenerse a la triste comitiva, y el muchacho puede entonces agarrarse a las rodillas de su padre, algo que nunca hasta ahora había hecho. Éste se da cuenta, le mira y se queda completamente blanco. La voz se niega a salir de su garganta. Alrededor, los gritos y los cantos aumentan su tono. La Plaza de la Revolución, con su macabro patíbulo, está ya a la vuelta de la esquina.

Por fin, el padre es capaz de hablar y, con una voz que Jean Pierre nunca le ha oído, le dice:

—Bien, hijo. Ahora, márchate a casa y no me sigas. Cuida de mamá, de Rose y de la abuela. Sé que un hombre como tú puede hacerlo. No dejes de pensar nunca en todas las cosas de las que hemos hablado.

Apenas termina de hablar y la carreta se pone de nuevo en marcha. Jean Pierre quisiera seguirla hasta el final, pero ha prometido no hacerlo. Y se queda en medio de la alborotada multitud que se arrastra hacia el campo de la muerte para ver el espectáculo de todas las mañanas.

A contracorriente de la masa, Jean Pierre sabe que su padre ya no volverá jamás. Sabe que mamá y la abuela sufrirán durante mucho tiempo por ello, y de pronto se siente huérfano. Regresa, calle abajo, por donde había venido. Ahora, el sol reina en el cielo. La pena todavía no ha comenzado a instalarse en su pecho, mientras ve cómo los ventanales de la catedral comienzan a encenderse con todos sus colores. Jean Pierre es ahora hijo de uno de los héroes de la Revolución, de la verdadera Revolución. Y justamente por eso acaban de ejecutar a su padre.

Mamá no sale de su habitación hasta la noche. Está vestida de negro, como la abuela. Incluso a Rose le han puesto un vestidito lleno de graciosos lazos violeta. La madre no le dice nada. Solamente le mira.

—Le he visto camino de la plaza, mamá, y me habló de vosotras —dice Jean Pierre con voz muy débil.

—Ya lo sé. Me han dicho que te vieron —responde mamá en un extraño tono de voz—. Eres un valiente. Ahora sí sé que tenemos en ti a alguien que nos protegerá.

Y le abraza largamente, mientras comienza a llorar sobre su hombro. En medio del dolor que está comenzando ahora a sentir, Jean Pierre vuelve de nuevo a sentirse orgulloso y dispuesto a defender a su familia contra todos los males que puedan presentarse.

Tras el abrazo, mamá introduce la mano en uno de los bolsillos de su bata y extrae de él un manojo de llaves.

—Ahora serás tú el encargado de comprobar si las puertas quedan bien cerradas —le dice mientras le alarga el llavero de plata.

Y le da aquellas dos llaves, la de la verja de entrada y la de la casa, cuyo tintineo le había servido tantas noches para poder dormir tranquilo y feliz.

Mamá y la abuela se retiran a descansar. Y, por primera vez, no le dicen que se vaya a la cama. Ahora, también por primera vez, Jean Pierre abre la puerta de la casa y sale al jardín, pisa el húmedo césped y se dirige hacia el rincón de los rosales amarillos. Desde allí mira al horizonte, pero no hacia la ciudad, sino

hacia el campo abierto. La noche es de color azul oscuro, y corre una débil brisa que trae el aroma de las plantas de los jardines vecinos.

Jean Pierre tiene ahora los ojos llenos de lágrimas y el pecho palpitante. Sabe que aquí puede hablar con su padre, como hace tres días.

«Te lo prometo, papá. Seré como tú, y defenderé la libertad y la fraternidad de los hombres. Haré que la Revolución sea lo que tú quisiste que fuese.»

Hace fresco y el cielo comienza a nublarse. Jean Pierre todavía no se ha dado cuenta de su pena. Vuelve a su cuarto y se acuesta. Mañana debe seguir estudiando, pero ahora tiene otras misiones importantes que cumplir. Para él, empieza una nueva vida.

Vocabulario

Asamblea Nacional: *Es la reunión de los miembros de los Estados Generales que pertenecen a la burguesía. Se consideraba a sí misma como representante legal de los intereses de toda la nación francesa.*

Constitución democrática: *Es aquella ley suprema que se da en un Estado basada en los principios de respeto a los derechos y libertades del hombre y del ciudadano. A partir de la Revolución Francesa, todas las Constituciones que han nacido se han inspirado en estos principios básicos e irrenunciables.*

Contrarrevolución: *Es todo movimiento dirigido contra los avances de la Revolución. Está impulsado por uno o por varios motivos, pero, en general, se trata de una posición apoyada por aquellos que se ven perjudicados por el fenómeno revolucionario en sus ideas o en sus intereses materiales.*

Estados Generales: *Era una Asamblea reunida por el rey de Francia, en la que estaban representados todos los sectores sociales. De hecho, la aristocracia y la Iglesia eran quienes decidían todas las medidas que se adoptaban, mientras que los representantes de la burguesía y el pueblo apenas si podían dar su opinión, en general, nunca escuchada.*

Ilustración: *Es el fenómeno intelectual generado en el Siglo de las Luces. Los pensadores que se integran en él quieren hacer un nuevo mundo, libre de todos los defectos existentes y dirigido hacia la felicidad de los hombres.*

Libertades personales y sociales: *Son los derechos que cada individuo tiene como persona y como ciudadano, miembro de la comunidad en la que vive, dentro de un ordenamiento legal democrático. Son la primera condición para calificar a un sistema político democrático o, por el contrario, de antidemocrático o autoritario.*

Revueltas campesinas: *Son fenómenos de protesta, de intensidad variable, que se produjeron en Europa como consecuencia de las nefastas condiciones de vida que tenían que soportar los campesinos. Éstos, en algunos momentos, se sublevaron llevados por la desesperación y el deseo de cambiar las cosas.*

Revueltas urbanas: *Son también manifestaciones de descontento, que en este caso tienen lugar en las ciudades, entre la población dedicada sobre todo a las tareas artesanales y al pequeño comercio entonces existente.*

Siglo de las Luces: *Es la denominación del siglo XVIII en Francia. Significa el momento en que el pensamiento humano abandona prolongados períodos de oscuridad y cerrazón y se abre a las realidades de la naturaleza y de la mente.*

CUENTOS HISTÓRICOS

Títulos publicados

1. El Gran Escarabeo Verde
2. Telón en los Juegos Olímpicos
3. Viaje por Hispania
4. La esclava y el guerrero
5. Los peregrinos de Santiago
6. Aventuras en el Cibao
7. Un espía en la Corte
8. Jean Pierre en la Revolución
9. El tambor de Talavera
10. Los refugiados de la guerra